Hi! My name is
Eliza
and I am going
to be a big Sister!

I used to be a baby too!

But now I am a big kid!

I can be a big helper with our new baby!

I can help mommy get things our baby needs! Like diapers, a paci or toys!

Sometimes babies cry. Daddy says "we can figure out what baby needs to help baby feel calm again!"

Maybe baby is hungry, sleepy or just wants snuggles! I know that I can help by doing what mommy asks!

Babies need lots of sleep
and milk to help them to
grow up big like me!

I like naps and milk too.
But because I am big I
get to eat yummy things
like chicken and fruit!

One day when baby is older
baby can have yummy food
like me too!

Then baby and I can play together!

we can share secrets,
toys, hugs, high fives and go
on big adventures
together!

I am so glad I get to be a big Sister

I will be the best big
sister ever!

A note from Us to the Big Sister

BIG SISTER

Activity Pages

BIG SISTER

Draw a picture of you as a big Sister!

BABY

Draw a picture of baby!

BABY AND BIG SISTER

Draw a picture of yourself and baby!

BABY AND BIG SISTER

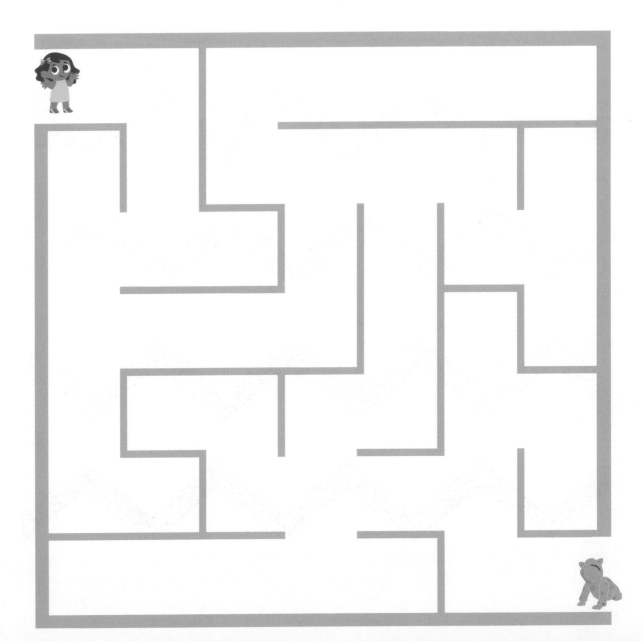

BABY AND BIG SISTER

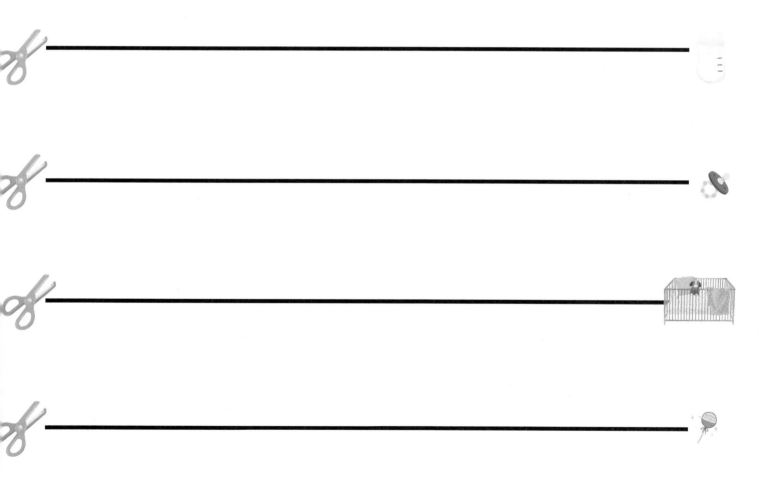

BABY AND BIG SISTER

BABY AND BIG SISTER

FIND BIG SISTER 5X AND BABY 5X

```
B  B  C  E  J  P  D  Q  E  K
B  B  I  N  Z  A  W  D  H  S
C  I  I  G  Y  B  A  B  Y  V
B  B  G  G  S  B  A  R  C  X
A  A  H  S  S  I  A  J  N  D
B  B  X  I  I  I  S  B  S  Z
Y  Y  D  W  Z  S  S  T  Y  E
Y  D  M  K  Y  E  T  T  E  H
I  M  V  J  L  M  Z  E  E  R
V  W  X  K  V  J  K  V  R  R
```

BABY AND SISTER

BABY AND SISTER

COLOR AND DECORATE BABY A NEW BABY BLANKET!

BABY AND BIG SISTER

Color, cut and decorate Baby a new baby mobile!

BABY AND SISTER

Draw some of your favorite big kid food

BABY AND
BIG SISTER

Color baby stuff!

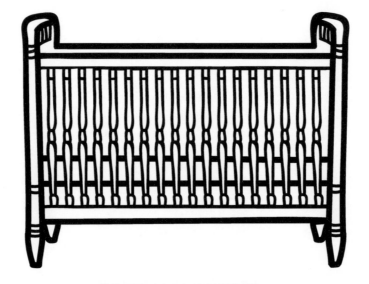

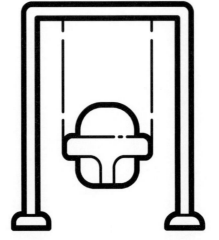